LE SOCIALISME

DE

L'ÉTAT

PAR

FERDINAND GUILLON.

Prix : 10 centimes.

PARIS.

LIBRAIRIE SOCIÉTAIRE, 25, QUAI VOLTAIRE.

1849.

LE SOCIALISME DE L'ÉTAT.

COMMENT L'ÉTAT FAIT, SANS LE SAVOIR, DU MAUVAIS SOCIALISME.

M. de Girardin a publié dans la *Presse* (1) des études remarquables sur la réforme du budget et des impôts.

Ce travail conclut à la suppression de *l'impôt du temps*, de *l'esclavage militaire*, du *tirage au sort*, de *l'inscription maritime*, de *l'impôt foncier*, de *l'impôt personnel et mobilier*, de *l'impôt*

---

(1) Voir la *Presse* des premiers jours d'octobre 1849.

des portes et fenê'res, de l'*impôt des patentes*, de l'*impôt des boissons*, des *octrois*, des *visites à la douane sur la personne et le bagage des voyageurs*, des *passeports*, etc., et à la transformation de ces impôts iniques ou vexatoires en un impôt unique prélevé sur le capital foncier, mobilier, agricole, industriel, commercial ou financier, sorte de prime d'assurance que chaque citoyen paierait pour jouir des avantages sociaux qu'offre l'État et être garanti contre certains risques.

Dans ce système, tout impôt devient la garantie contre un risque, le prix d'une marchandise ou l'équivalent d'un service.

Nos amis doivent reconnaître dans cette formule celle que Charles Fourier indique comme nouvelle base de l'impôt dans la société transitoire, qu'il appelle GARANTISME, laquelle achemine à l'ASSOCIATION INTÉGRALE OU à L'HARMONIE.

L'École phalanstérienne a elle-même publié depuis vingt ans, sur la transformation du budget, et des impôts, un grand nombre d'études qui contiennent à peu près la même critique et la même idée organique que le travail de M. de Girardin. Nous pouvons citer, entre autres : PLUS DE DROITS RÉUNIS; PLUS DE CONSCRIPTION, par Allyre Bureau; ORGANISATION UNITAIRE DES ASSURANCES, par Raoul Bourdon; RÉFORME DU CRÉDIT ET DU COMMERCE, par François Coignet, etc.

La critique de M. Émile de Girardin est cependant étayée d'un bout à l'autre par d'innombrables citations des reproches adressés aux impôts par des philosophes, des financiers, des hommes d'État que leurs neveux croyaient certainement à l'abri de l'épithète injurieuse de *socialistes*.

Mais pour prouver qu'il ne recule ni devant la parentée compromettante des idées, ni devant des mots ou des fantômes, M. de Girardin, dès la première ligne de son travail, reconnaît que le Socialisme a deux acceptions, et il les définit ainsi :

« Pris dans sa mauvaise acception, le mot socialisme signifie : la guerre des pauvres contre les riches ; la lutte du travail contre le capital ; l'égal partage des terres, ou bien le retour exclusif du sol à l'État par voie d'expropriation violente ou d'appropriation fiscale ; le pillage organisé ; le relâchement des liens de la famille ; le despotisme du nombre ; le régime de la terreur ; le bannissement de la confiance ; l'anéantissement du crédit ; la désorganisation du travail ; l'aggravation de la misère.

» Pris dans sa bonne acception, le mot socialisme signifie : la société idéalisée ; la science appliquée au gouvernement ; l'administration élevée à la hauteur du premier des arts ; la recherche constante à la suite d'Henry IV et de Napoléon, de Sully et de Turgot, de tous les moyens propres à améliorer le sort du peuple, à élever le niveau de son intelligence et de sa moralité ; *l'accord du travail et du capital* ; l'abolition de l'ignorance qui entretient l'antagonisme ; la suppression des causes qui perpétuent le paupérisme ; la constitution du crédit ; la réforme de l'impôt ; *la multiplication de la propriété* ; la réalité de la famille ; *l'organisation de la commune* ; l'épuration de la démocratie ; la consolidation de la paix ; la tendance à l'unité ; la force désarmée par la raison ; la concurrence remplacée par l'émulation ; l'avènement de la publicité ; le triomphe de la vérité ; le progrès continu; l'inviolabilité de la justice; le régime enfin, s'approchant le plus près de l'idée que se fait l'homme du règne de Dieu sur la terre.

» C'est l'ivraie et le blé. »

Nous avons déjà dit que nous acceptions cette définition pour notre pârt, et nous voulons prouver qu'elle est exacte.

Evidemment, en parlant ainsi du mauvais socialisme, M. de Girardin a fait allusion aux tendances subversives de quelques-unes des aspirations révolutionnaires de notre époque. Nous ne pouvons nier que ces craintes de subversion ne soient jusqu'à un certain point fondées. Nous répétons nous-mêmes tous les jours que si le gouvernement et les citoyens en possession de leur libre arbitre ne s'empressent pas de faire du bon socialisme, ils ne tarderont pas à voir un socialisme outré, spoliateur, prévaloir pour un temps sur des ruines et sur du sang. Mais ce qu'il nous importe surtout de faire remarquer, avec l'appui de M. de Girardin, c'est ce que ce socialisme détestable existe déjà et se pratique depuis des siècles; c'est que la définition qu'il en donne s'applique à merveille aux moyens qu'emploie encore l'Etat dans la société actuelle pour administrer et gouverner.

En effet, nous le demandons de bonne foi à nos adversaires :

Y a-t-il, dans les rêves ou les esprits des plus fougueux révolutionnaires socialistes quelque chose d'aussi *attentatoire à la liberté humaine* et au repos des familles que cet impôt du sang et du temps prélevé par un tirage au sort sur la jeunesse, et que cette *obéissance passive* qui assimile l'homme à la brute, et l'oblige à tuer ou à se faire tuer sans savoir pourquoi?

Y a-t-il, dans toutes les propositions du socialisme moderne quelque chose d'aussi bien imaginé pour *entretenir la guerre entre les pauvres et les riches, la lutte du travail avec le capital*, que cette inégalité des impôts qui grève la nourriture la plus simple du travailleur, et qui ne touche pas à la fortune de l'agioteur, de l'usurier, aux rentes des capitalistes?

Où donc se trouve l'*expropriation violente* et l'*appropriation fiscale*, si ce n'est dans cet impôt foncier prélevé directement sur la propriété, sans égard aux dettes, aux charges, aux misères qui pèsent sur elle; dans cet impôt qui prélève sur l'industrie nourricière, sur le revenu du sol, deux fois plus que sur les autres revenus, et qui pèse de presque tout son poids sur les fermiers ou locataires?

Qu'est-ce qui est mieux conçu pour aggraver la misère que cet impôt personnel et mobilier qui, en se basant sur le prix du loyer, rançonne beaucoup plus le père d'une famille nombreuse que le célibataire; — que cet impôt des portes et fenêtres prélevé sur la pureté de l'air et la clarté du jour, indispensables à la vie, à la santé et au travail de l'homme; — que cet impôt des patentes, qui prend l'exercice de l'industrie pour son bénéfice même, et pèse par conséquent plus sur le consommateur que sur le commerçant; — que l'impôt des boissons, qui viole le domicile et soulève une réprobation universelle; qui, avec sa litanie de droits, élève de 15 centimes à 40 centimes le prix du litre de vin sans mélange que le peuple de Paris pourrait boire; qui pèse autant sur la piquette de l'ouvrier que sur le vin de Bordeaux du riche, et entraîne, par des falsifications forcées, l'empoisonnement des masses ; — enfin, que ces droits de douane et d'octrois qui enchérissent le prix de tout objet nécessaire à la subsistance du pauvre, qui ont fait tripler en moins de cinquante années le prix d'entrée d'une tête de bœuf; qui prohibent ainsi l'alimentation par la viande, la plus nutritive de toutes les substances; qui encouragent l'esprit de fraude, entravent la circulation, nécessitent des investigations outrageantes, et ruinent, au surplus, notre industrie maritime ?

Qui donc *organise le pillage, le despotisme du nombre, et relâche les liens de famille*, si ce n'est ce régime d'administration qui exige un budget de 15,000 millions et une armée de cinq cent mille hommes pour assurer la répression des crimes et non pour les prévenir; pour garantir par la force la sécurité du privilége et le silence du besoin ; pour faire surveiller et garder par des masses d'agents improductifs la masse des producteurs ?

Quoi donc enfin est plus de nature à *bannir la confiance*, à *nuire au crédit et au travail*, que cet *ordre de choses* qui entraîne une révolution tous les quinze ans, qui repose sur la division des classes et l'antagonisme des intérêts, qui refuse au crédit et au travail les garanties de justice, de solidarité et de facilité qu'ils réclament; qui abandonne aux hasards de la fortune, de l'agiotage ou de la force la question vitale de la production, de la circulation et de la répartition des richesses ?

Voilà où est déjà le mauvais socialisme, le socialisme paresseux, partageux, oppresseur et spoliateur, le socialisme qui dépouille les familles, et partage entre les riches les fruits de la sueur des pauvres.

Il est tout naturel que, par réaction, par revanche contre ce socialisme des riches ou des puissants, les masses qui souffrent en imaginent un autre non moins odieux, un autre qui aurait recours aux mêmes moyens de force et de violence pour dépouiller les riches en faveur des pauvres, et pour faire peser sur la société entière un joug nivellateur.

Ces deux iniquités se touchent par le contact des extrêmes.

Mais le vrai socialisme n'est pas là.

Le vrai socialisme, qui puise sa lumière dans la science, dans le génie, et non aux torches des révolutions, tend à élever, comme le dit M. de Girardin, le niveau de la richesse et de l'intelligence publiques, au lieu de l'abaisser.

Le bon socialisme se pose pour problème d'enrichir le pauvre sans appauvrir le riche, et de réaliser par la liberté, par l'intérêt, par l'attrait même, la fusion des classes, l'accord du travail et du capital.

Le vrai socialisme donne à la famille, à l'individu, la plus grande liberté de leurs mouvements, de leurs attractions, sans enlever à l'Etat aucune garantie d'ordre et d'unité.

Le vrai socialisme rend la tâche de l'Etat aussi aisée qu'elle est aujourd'hui compliquée, difficile, et apporte comme solution complète, définitive à la question du budget et des impôts des moyens encore plus faciles que ceux indiqués par M. Emile de Girardin.

QU'EST-CE QUE L'ÉTAT?

Qu'est-ce que l'Etat dans l'origine de son droit, dans la légitimité de son principe?

L'Etat est une association politique, administrative, qui s'est formée du consentement des individus et des familles, pour leur assurer successivement des avantages sociaux, tels que la justice, l'ordre intérieur, la défense extérieure, l'exercice du culte, l'instruction, les secours publics, les facilités de communication, etc., et pour les garantir contre des risques, tels que le vol, le pillage, le meurtre, etc.

L'institution de l'Etat a été fondée ainsi en vertu des principes d'association, de solidarité et d'unité, qui sont le fond du socialisme.

Mais cette association de l'Etat n'a pu se former et grandir jusqu'à nos jours sans conserver ses caractères de barbarie, de violence, d'oppression, de privilége et de monopole; sans froisser, le droit individuel, sans entraver la liberté humaine.

C'est pourquoi la liberté humaine a protesté pendant des siècles contre les exigeances ou les exactions de l'Etat, et proteste encore de nos jours par des révolutions périodiques.

Pour que la constitution de l'Etat soit normale, légitime, il faut qu'il présente dans son ensemble et dans toutes ses parties une ASSOCIATION LIBRE ET VOLONTAIRE, il faut que toutes ses institutions reposent sur le concours libre et volontaire des individus et des familles.

Déjà le monopole du pouvoir qui s'était incarné dans un prince, dans une dynastie, dans une caste, puis dans une classe, arrive en France, par le suffrage universel, à se transformer en droit commun, en association libre et volontaire.

Déjà le monopole de la justice qui des mains du père de famille avait passé au seigneur, au monarque, aux parlements, et aux jurés censitaires, tend à devenir, par l'extension démocratique du jury, la justice du pays lui-même.

Cette participation de tous les citoyens à l'élection politique et au jury concilie déjà, dans ces deux institutions, l'autorité et la liberté, le droit individuel et le droit social.

Eh bien ! ces réformes à peu près réalisées peuvent donner une idée de toutes les réformes que l'Etat doit encore accomplir pour rentrer dans la légitimité de son principe, pour se dépouiller des derniers vestiges d'iniquités, d'oppression et de barbarie.

QU'EST-CE QUE L'IMPOT ?

Qu'est-ce que l'impôt en principe ?

L'impôt est la cotisation, la prime d'assurance générale et mutuelle que l'association de l'Etat prélève sur tous ses membres pour défrayer les services qu'elle leur rend, pour payer les avantages sociaux qu'elle leur procure.

Lorsque cette somme exigée n'est plus, par son exagération, en rapport avec ces services rendus, avec ces avantages offerts, il y a vol, gaspillage ou mauvaise gestion de la part de l'Etat.

Lorsque cet impôt est inégalement réparti, et pèse davantage sur les travailleurs qui n'ont rien que sur les oisifs qui possèdent, il y a iniquité, arbitraire et oppression de la part de l'Etat.

Or, l'impôt se ressent encore de ce qu'il était sous le régime du servage, de la féodalité et du droit de conquêtes. Il ressemble encore, en bien des points, au tribut payé par les vaincus aux vainqueurs, par les populations au suzerain, à la taxe frappée par l'oisiveté sur le travail, au prix du rachat des serfs, des vilains et des libertés communales. Il est bien écrit dans nos chartes, dans nos constitutions, que tous les citoyens concourent à l'impôt en raison de leur fortune ; mais de l'aveu des hommes d'Etat eux-mêmes, ce principe attend son application sincère, véritable. Parce qu'un objet de consommation nécessaire au pauvre est d'usage général, il est préférablement imposé à l'objet de luxe dont se sert le riche. Si ce n'est plus une race qui en opprime une autre après l'avoir soumise par les armes, c'est une classe qui dépouille les autres après les avoir réduites à merci par la force de l'argent. « Ainsi, par exemple, le laboureur paie l'impôt de la terre, le manufacturier paie l'impôt de son usine, le marchand paie sa patente, etc., etc. L'usurier, qui exploite le marchand, le manufacturier et le laboureur, l'usurier ne paie aucun impôt pour ce capital mobile dont il dispose, et à l'aide duquel il soutire tous les fruits du travail des autres, qu'il ruine en se donnant l'air de les obliger. (1) »

Pour que l'impôt soit d'accord avec nos institutions républicaines, avec le suffrage universel et le jury démocratique, il faut qu'il devienne en réalité cette prime d'assurance générale et mutuelle que le citoyen trouve juste de payer pour se prémunir contre les risques de toute nature qui peuvent l'atteindre dans sa personne et dans sa fortune, et pour se procurer tous les bienfaits de la société. Il faut qu'il soit la rémunération raisonnable d'un service rendu par l'Etat; il faut que chacun y concoure en raison de sa fortune, et en proportion des avantages qu'il retire des différents organismes créés dans l'intérêt public.

Par le bénéfice de quels nouveaux services l'Etat peut-il remplacer les ressources provenant des impôts iniques, vexatoires, contre lesquels la conscience publique se révolte ?

Par des services qui entrent dans ses prérogatives de gestion centrale et générale, par des organismes de circulation et de vie commune, comme le crédit, les assurances, les chemins de fer, les canaux, le roulage, les postes, l'industrie générale des transports ; par l'exploitation des mines, des houillères, etc.

La Banque d'Etat, avec ses nombreux comptoirs, en mettant le crédit à la portée de toutes les valeurs meubles et immeubles, en réduisant de beaucoup le taux de l'intérêt, les droits de change et

---

(1) *Plus de droits réunis*, par Allyre Bureau, Librairie phalanstérienne, quai Voltaire, 25.

de commission, donnerait un bénéfice annuel au budget de plus d'un demi-milliard, et suffirait peut-être même à son alimentation.

L'organisation unitaire des assurances par l'Etat, comprenant les risques de tous genres et présentant aux assurés la sécurité la plus entière, pourrait, comme le propose M. de Girardin, devenir la seule base de l'impôt et avec une prime de 1 pour cent sur un capital national *net*, de 106 milliards produire 1 milliard 60 millions. Envisagée comme ressource partielle, avec une prime inférieure aux primes d'assurances actuelles, elle donnerait près de 100 millions au Trésor.

Enfin, le revenu des chemins de fer, des canaux, des postes, des transports, des mines, etc., donnerait pour complément plus de ressources à l'Etat que tous ses besoins n'en réclament.

Voilà, en matière d'impôts, ce que le simple Garantisme, l'A B C du Socialisme organisateur et créateur, propose de substituer au socialisme spoliateur et oppresseur de l'Etat actuel.

Mais examinons, le budget en main, et un à un, les prétendus *services publics* que l'Etat offre aux contribuables en échange des quinze cents millions qu'il prélève sur eux.

En tête des plus coûteux de ces services publics nous voyons l'armée.

QU'EST-CE QUE L'ARMÉE?

Qu'est-ce que l'armée?

L'armée est une institution qui a uniquement

pour objet de garantir le pays des attaques de l'extérieur.

Ce service public (armée de terre et marine) ne fait pas seulement payer aux contribuables, aux membres de l'association de l'Etat, de 450 à 500 millions par an pour les prémunir contre une invasion de l'ennemi ; il arrache encore forcément, violemment aux familles 80 000 jeunes hommes par an, qu'il retient pendant les sept plus belles années de leur vie, qu'il dépouille de tout libre arbître, dont il brise la carrière, dont il viole les vocations, qu'il soumet à un régime barbare d'obéissance passive, qu'il force à frapper, à tuer ou à se faire tuer sans avoir conscience de ce qu'ils font.

De même que l'impôt, cette constitution de l'armée pouvait avoir sa raison d'être dans les temps d'oppression monarchique, de domination des castes ou des classes ; dans les temps où la force brutale était la raison des gouvernements, où chaque Etat de la société européenne pouvait, du jour au lendemain, se trouver envahi par des conquérants et des hordes étrangères.

Mais comment se fait-il que, dans ces temps modernes où la force morale de l'opinion domine les instincts de brutalité et de conquête, où la paix est maintenue autant par l'intérêt des gouvernements que par les sympathies réciproques des peuples, comment se fait-il que cette charge criante de l'armée subisse d'année en année une aggravation au lieu d'une diminution ?

Comment expliquer cet anachronisme monstrueux autrement que par les efforts perfides, odieux que font les gouvernants et les classes privilégiées pour tourner contre les aspirations libérales, généreuses ou émancipatrices de leurs propres peuples, ces armées composées d'enfants du peuple, et ces centaines de millions, fruit des sueurs du peuple, qui n'avaient pour destination que de garantir le peuple lui-même contre les attaques de l'étranger !

Une telle constitution de l'armée avait sa raison d'être avant que l'institution de la garde nationale n'eût été conquise, avant que tout citoyen n'eût acquis le droit de s'armer en même temps que de participer, par son vote, à la chose publique : la garde nationale est à l'armée ce que le suffrage universel est au monopole électoral et politique. Lorsque tout citoyen a, comme garde national, le droit et le devoir de concourir au maintien de l'ordre, à l'exécution des lois, à la force publique, une arm e permanente et oisive de trois, de quatre ou de cinq cent mille hommes, est une superfluité exorbitante, une anomalie scandaleuse.

Pour se mettre en harmonie avec l'esprit nouveau et les institutions nouvelles de la société, l'armée a donc à subir, comme l'impôt, une transformation profonde. Elle doit réduire considérablement le nombre d'hommes sous les drapeaux en temps de paix, et néanmoins maintenir pour le pays les cadres et l'enseignement d'une vaste école militaire. Elle doit supprimer la brutale loterie du tirage au sort pour se recruter désormais par enrôlements *volontaires*. Elle doit réduire la durée des engagements, offrir une prime aux réengagements, assurer une meilleure retraite pour favoriser les véritables vocations et constituer une véritable carrière. Elle doit substituer l'obéissance raisonnée, consentie, à la soumission servile, dégradante, et faire une application progressive du principe électoral pour le choix de ses chefs, de manière à ne plus être un instrument aveugle et dangereux dans les mains du despotisme. Enfin, par son application aux travaux d'utilité publique, par sa transformation graduelle en armée industrielle et productive chargée de féconder le sol, de vaincre la nature, de doter le pays d'irrigations, de reboisements, de défrichements, de canaux, etc. ; l'armée peut rendre à la société, qui la bénira, autant de services réels qu'elle lui coûte aujourd'hui d'argent, de sang ou de larmes.

LA JUSTICE.

L'Etat réclame dans son budget, pour le *service général* du ministère de la justice et pour la détention des condamnés, trente-quatre millions à peu près.

Ce n'est certes pas le plus onéreux des services de l'Etat.

Les magistrats sont peu payés, et les prisonniers n'ont pas une alimentation de nature à faire envie aux pauvres.

Cependant, qui ne voit qu'une justice sociale, se bornant à réprimer le désordre et le crime sans chercher à les prévenir, est une justice boiteuse et barbare ?

Qui ne sait que le règne de l'individualisme, du morcellement, de la concurrence fait croître le nombre des procès d'intérèts dans des proportions effrayantes?

Qui ne comprend que par le système de garanties sociales, par les institutions de solidarité, d'assurances mutuelles, par l'organisation de la prévoyance et de l'assistance publiques, le nombre des malheureux que l'isolement, l'ignorance et la misère conduisent au vol et à l'assassinat, décroîtrait incessamment?

Qui n'est d'avis que la justice, pour être un véritable service public, doit simplifier ses rouages, ses formalités, et devenir véritablement gratuite?

Qui ne reconnaît que l'emploi régulier, général, de l'activité des prisonniers dans des colonies agricoles, dans des entreprises de colonisation ou de grands travaux publics, pourrait, en améliorant leur sort et leur moralité, profiter au pays et l'indemniser de ses charges?

Qui ne conclut, dès lors, que les trente-quatre millions inscrits au compte de la justice sont trop chers pour le service qu'ils rémunèrent?

DIPLOMATIE.

Pour faire représenter la France au dehors par des agents politiques et consulaires, pour défrayer les voyages et les missions diplomatiques, le budget de l'Etat réclame près de huit millious.

Certes, la France est mieux représentée au dehors par les idées libres qu'elle y envoie, par la double voix de la presse et de la tribune, par son histoire, ses traditions et son action vivante sur le monde que par la figure de ses diplomates.

Quand la politique était un art d'espionnage et de tactiques ténébreuses entre souverains jaloux et ambitieux, la diplomatie n'était pas un luxe ; — mais aujourd'hui que les gouvernements doivent, bon gré malgré, agir dans l'intérêt des peuples ; aujourd'hui que c'est à ciel ouvert, devant la souveraineté morale de l'opinion que se manifestent et se débattent les pensées, les desseins et les intérêts des nations, la diplomatie, en tant que police extérieure, perd beaucoup de son importance. Son seul rôle utile est tout entier dans la protection qu'elle accorde aux nationaux, et pour laquelle l'institution de simples agents consulaires est suffisante.

Si, sous nos yeux encore, en pleine République, nous voyons la diplomatie s'agiter et fonctionner dans des voies souterraines, c'est que, comme l'armée, elle est détournée de son but et sert d'instrument aveugle aux gouvernements renégats pour contrecarrer les vœux des peuples et démentir sourdement les arrêts des assemblées souveraines.

Par la fondation d'entrepôts à l'étranger et de correspondances régulières, la fonction d'agents consulaires peut rendre, dans le système des garanties sociales, des services immenses à l'industrie nationale, à la marine et aux relations des peuples.

Jusque-là les huit millions payés à la diplomatie veulent qu'on les discute.

L'INSTRUCTION PUBLIQUE.

Le budget du ministère de l'instruction publique et des cultes ne contient que 20 millions pour tous les genres d'enseignements patronnés par l'Etat, et 40 millions pour les dépenses des cultes.

Sur cette dotation de 20 millions, accordée à l'instruction publique, 8 millions seulement sont affectés à l'instruction primaire, à l'instruction du peuple souverain, et la moitié de cette dépense est imputable sur les fonds départementaux.

La relation de chiffre entre les 20 millions que coûte le service de l'instruction publique et les 500 millions que dépensent les armées de terre et de mer, indique dans quelle proportion la Barbarie se combine avec la Civilisation au budget, et l'emporte sur elle.

L'art de détruire les hommes paraît exiger, aux yeux des gérants actuels de l'Etat, vingt-cinq fois plus d'argent que l'art de les instruire.

Voilà une nation de 35 millions d'âmes, qui jouit du suffrage universel, qui a par excellence l'industrie des idées, qui est chargée par la Providence d'initier les autres peuples au progrès politique et social, qui a fait dix révolutions pour ne pas être contrariée dans cette tâche, qui paie quinze cents millions par an à son gouvernement pour améliorer son sort, — et qui cependant n'a pas su garantir encore aux enfants de son peuple l'instruction gratuite, qui consacre à peine huit millions à dissiper les ténèbres de l'ignorance, qui donne à peine quinze scus par jour aux malheureux instituteurs de ses trente-sept mille communes !...

Le service de l'instruction publique, comme tous les autres services de l'Etat, est resté en harmonie avec l'esprit de domination d'une classe sur les autres. Aux enfans de la classe qui peut payer parce qu'elle possède, parce qu'elle détient l'instrument de travail et exploite les sueurs du peuple, l'Etat offre des facultés, des académies, des écoles professionnelles, des bibliothèques somptueuses; mais ce n'est qu'à regret, par force révolutionnaire, qu'il se laisse arracher quelque subvention dérisoire à l'émancipation intellectuelle des masses.

Pour se mettre en rapport avec la mission légitime de l'Etat, avec le suffrage universel et les institutions républicaines, le service de l'instruction doit être au contraire le plus important et le plus démocratique de tous les ministères. Il doit garantir la liberté d'enseignement sous la surveillance de l'Etat, sans privilége pour personne. Il doit offrir gratuitement à tous les Français un fonds commun d'instruction élémentaire. Il doit rétribuer convenablement et rehausser, aux yeux des populations, la noble fonction de l'instituteur. Il doit donner à son enseignement tout entier, un caractère professionnel et pratique, sans préjudice d'un bon système d'études litteraires. Il doit mêler aux travaux de l'intelligence la gymnastique, le jardinage, l'agriculture. Il doit accorder des subventions pour élever gratuitement, selon leurs *vocations*, les enfans des familles pauvres montrant des dispositions exceptionnelles, pour leur ouvrir les carrières publiques par des écoles spéciales, des examens et des concours. Il doit établir enfin dans tous les services publics des conditions légales d'admission et d'avancement.

Dans le régime des garanties sociales, c'est sur le ministère de l'instruction publique que doit principalement reposer la responsabilité de la moralité des masses.

LA POLICE INTÉRIEURE.

Quoique les quatre ou cinq cent mille hommes que l'État conserve sous les armes et paie avec le budget de la guerre, n'aient, depuis trente années, d'autre utilité qu'une fonction d'intimidation et de compression intérieure, les administrateurs de l'État sont assez peu confiants dans les résultats de leur gérance pour se voir dans l'obligation d'entretenir sous leur main une autre petite armée policière qui ne leur coûte pas moins de *13 à 14 millions*, près du double de ce qu'ils accordent aux instituteurs des campagnes. Cette somme comprend, il est vrai, dans le budget du ministère de l'intérieur, pour 1849, les dépenses de la garde nationale mobile, dont la plupart des bataillons ont été licenciés pour cause de péché originel démocratique et populaire ; mais on sait qu'en revanche il a été formé, avec les hommes de l'ancienne garde municipale de la monarchie, des bataillons de gendarmerie mobile qui remplissent mieux la destination du crédit.

On sait aussi que jamais les escouades d'agents de police n'ont été à Paris et en France aussi nombreuses.

Est-il besoin de faire remarquer que sur ce chapitre encore du budget une meilleure gestion de l'Etat, une bonne politique de prévoyance et de garanties sociales entraîneraient une suppression de dépenses, ou d'immenses économies?

AGRICULTURE ET COMMERCE. — TRAVAUX PUBLICS.

Il y a dans l'Etat un ministère dit de l'agriculture et du commerce et un ministère dit des travaux publics.

Ces deux services de l'Etat sont essentiellement socialistes, car ils ont pour objet d'employer une partie des ressources de l'impôt à protéger, à améliorer l'agriculture, le commerce, l'industrie ; à doter le pays de travaux d'utilité générale, tels que grandes routes, ponts, chemins de fer, canaux, ports maritimes, phares, irrigations, desséchements, etc.

Ils possèdent, à cet effet, un personnel instruit d'ingénieurs, d'inspecteurs, de directeurs, de professeurs.

Tous les crédits dont disposent ces deux services publics ont une destination utile à l'association nationale, et lui rendent un avantage positif en échange d'une contribution.

Avec l'administration de l'instruction publique, ce sont les trois seuls ministères qui puissent être considérés comme productifs.

La pensée hardie qui les a fondés n'a pas eu peur de passer pour criminelle en se permettant d'intervenir dans le domaine de l'industrie et du commerce, dans le sanctuaire de la propriété, dans la ligue des intérêts particuliers, pour y faire prévaloir l'intérêt général et prononcer même souvent des arrêts d'expropriation pour cause d'utilité publique.

Eh bien ! veut-on savoir combien le ministère de l'agriculture, du commerce et de l'industrie perçoit dans la caisse des quinze cents millions d'impôt, pour remplir sa mission et justifier son titre ?

Il reçoit au total, pour tout le service ministériel, *administration centrale, personnel, agriculture, haras, manufactures, commerce intérieur et extérieur, établissements thermaux, services sanitaires, services pour pertes matérielles et évènements malheureux :* — 17 millions 928 mille fr.

Deux millions de moins que le service de l'instruction publique !...

Quant au ministère des travaux publics, s'il participe au budget de 1849 pour 193 millions, on sait que c'est par des circonstances forcées et non sans rognures ni conteste.

Ces ministères, pour ne pas se compromettre comme novateurs et pour ne pas toucher à la part léonine de la Guerre, se contentent de surveiller quelques professeurs d'agriculture dans les villes, quelques dépôts d'étalons, quelques écoles d'arts-et-métiers, de donner quelques encouragements aux pêches maritimes, et de n'entreprendre, ɪ. fait de grands travaux publics, que ceux que ε hasard leur accorde ou que la spéculation dedaigne.

Cependant, ce sont les services d'Etat par esquels la régénération sociale aura lieu.

C'est par une protection plus réelle, plus active de l'agriculture, du commerce, de l'industrie, des sciences et des arts, et par de grandes entreprises d'utilité publique, que l'Etat pourra reconquérir la confiance de ses mandataires et la paix véritable.

C'est en intervenant dans l'anarchie industrielle (source de toutes les anarchies) par des mesures propres à empêcher l'usure, l'agiotage, l'accaparement, la banqueroute, la misère, l'écrasement des faibles par les forts, l'élévation abusive du prix de toutes les denrées par la spéculation et la dépréciation plus funeste encore des salaires, qu'il pourra s'élever à la hauteur de sa mission nouvelle, et résoudre toutes les difficultés intérieures.

L'Etat peut atteindre ce but sans absorber les forces vives du pays, sans intervention oppressive des libertés publiques, sans maximations ni fixations légales et obligatoires du salaire et du prix des denrées, mais seulement en fournissant au public des types de bonne organisation industrielle et de commerce véridique; en exerçant lui-même localement, partiellement, temporairement, la branche de commerce ou d'industrie qui aura donné lieu à des abus; en se chargeant des expériences économiques; en encourageant les associations des travailleurs et des capitalistes; en formant un corps d'ingénieurs agricoles; en généralisant, par des colonies agricoles, le véritable enseignement pratique de l'agriculture; en prenant 'initiative de comptoirs communaux, d'entrepôts, de bazars nationaux, de bureaux de placement pour les travailleurs de toute espèce, de statistiques commerciales, industrielles, agricoles, qui mettent le public au courant du mouvement industriel, des offres et des demandes; en encourageant dans les villages la fondation de crèches, de salles d'asile, de boucheries et de boulangeries communales; enfin, en se mettant en possession de tous les agents de circulation générale, tels que chemins de fer, canaux, roulage; en entreprenant tous les grands travaux agricoles qui dépassent les forces de la propriété morcelée, tels que reboisements, irrigations, desséchements de marais, attaque des landes, etc.

FINANCES. — FRAIS DE PERCEPTIONS.

Ce qui doit achever le tableau des erreurs, des fautes que commettent les gérants de l'Etat, et des pertes qu'ils font subir à l'association nationale en tournant l'institution contre son but, c'est le relevé de ce que coûte la perception de l'impôt, l'administration des finances.

Les *frais de régie, de perception et d'exploitation des impôts et revenus publics* s'élèvent à 156 522 509 fr.; en y ajoutant, comme de juste, les 16 637 778 fr. affectés au service général du ministère des finances, on a pour total des frais de perception de l'impôt : CENT SOIXANTE ET TREIZE MILLIONS, CENT SOIXANTE MILLE FRANCS.

L'assiette, la répartition d'un impôt et l'administration d'un pays, sont condamnées par cela seul que la perception de cet impôt est aussi onéreuse.

Si l'impôt frappait juste et constituait une juste rémunération d'un service rendu par l'Etat, il n'exigerait certainement pas une armée fiscale d'employés improductifs prélevant cent soixante et treize millions pour sa perception, indépendamment de l'armée de quatre cent mille soldats, qui coûte quatre cents autres millions au pays pour houspiller le contribuable et le menacer de garnison collective.

Quand le socialisme grugeur et oppresseur de l'Etat deviendra du bon socialisme producteur et régénérateur, l'Etat pourra économiser les quatre-vingt dix-neuf centièmes des frais actuels de perception d'impôts et du nombre des agents fiscaux et garnisaires.

On lui portera alors son argent avec empressement et reconnaissance !

Il nous reste à démontrer que le socialisme de l'Etat n'est que la première branche du socialisme scientifique, et que le socialisme des citoyens, de la spontanéité individuelle, de l'association libre et volontaire dans la Commune peut, en venant au secours de l'Etat pour la transformation sociale, lui abréger beaucoup la besogne et lui fournir des solutions beaucoup plus simples, plus complètes et plus bienfaisantes encore.

L'ÉTAT ET LES COMMUNES.

Toutes les améliorations, toutes les réformes que nous avons indiquées comme devant faire rentrer l'Etat dans la légitimité de sa mission, comme devant mettre chacun de ses services publics en rapport avec le principe de la souveraineté du peuple et les besoins nouveaux du pays, —constituent seulement la tâche qui incombe à l'Etat dans l'œuvre de la transformation sociale.

C'est le Socialisme de l'Etat que nous nommons particulièrement GARANTISME OU ORGANISATION DES GARANTIES SOCIALES.

Mais le génie des améliorations sociales et la découverte des destinées humaines vont plus loin.

Charles Fourier, en dessinant en quelques traits les caractères de l'administration garantiste, en la présentant comme une transition lente, graduelle, entre le morcellement et l'association, entre la civilisation et une société meilleure, a dédaigné les détails, craignant lui-même de voir la société épuisée par ses convulsions, se contenter de ce socialisme gouvernemental, et négliger pour une amélioration intermédiaire la véritable solution du problème des destinées heureuses.

A nos yeux, cette solution véritable, complète, se trouve dans l'organisation sociale de la Commune, dans l'association libre, mais intégrale de ses forces vives, dans l'organisation attrayante de son atelier de production, de distribution et de consommation, et cette solution mérite le nom d'Harmonie sociale.

Or, cette harmonie sociale, ce but supérieur du socialisme ne peuvent être atteints et surtout généralisés que par les efforts libres, les adhésions spontanées des individus et des familles.

L'Etat, en organisant des garanties sociales, ne fait que faciliter et régulariser le mouvement du progrès.

Les individus, en organisant eux-mêmes le petit État et la petite société qu'on nomme la Commune, peuvent seuls opérer la véritable régénération sociale.

Ceux qui supposent donc que notre idéal consiste à faire absorber par l'Etat toutes les forces vives du pays, à concentrer dans ses mains toutes les initiatives d'améliorations et de progrès se trompent et nous calomnient.

A nos yeux, la fonction de l'Etat, au lieu d'être une tutelle oppressive, absorbante, doit, par le fait même du progrès social, dans une société libre, heureuse, bien organisée, se réduire aux proportions d'une simple gérance de l'association nationale, déléguée par les associations communales, départementales, provinciales du pays.

L'Etat, loin d'être l'unique moteur de la vie publique, doit en être simplement le rouage central.

L'Etat, en offrant des garanties sociales à ses administrés, en transformant ses services purement administratifs, défensifs, répressifs ou fiscaux, en services réels, productifs; en s'efforçant de concilier dans toutes ses institutions l'autorité avec la liberté, le droit social avec le droit individuel, doit améliorer généralement la situation des individus, des familles, des communes, et se rapprocher du type d'une ASSOCIATION LIBRE ET HEUREUSE ; — mais, pour que ce type soit atteint et se généralise, il faut que les individus, les familles, les communes y concourent activement, directement eux-mêmes, et réalisent d'abord cette association libre et heureuse dans tous les groupes primaires et intermédiaires de la société.

Les améliorations garantistes qui constituent le vrai socialisme de l'Etat opéreront la réforme sociale par le sommet.

L'organisation de la Commune associée, qui constitue plus particulièrement le socialisme des individus, opérera la réforme sociale par sa base.

Le socialisme de l'Etat peut réformer, comme nous l'avons vu, l'administration, l'impôt, l'armée, la justice ; il peut, sans constituer des monopoles, garantir, généraliser l'instruction gratuite, le crédit, l'assurance, etc.; il peut encore, par la fondation d'un ministère du progrès ou des expériences, par des modèles de bonne exploitation agricole, industrielle, commerciale, par des encouragements aux associations entre les capitalistes et les travailleurs, stimuler, déterminer l'élan des réformes économiques. Mais il ne saurait aller plus loin dans cette voie sans danger pour la liberté individuelle ; il ne saurait réformer les libres conditions du travail, les libres relations des intérêts ; il ne saurait extirper la misère et tous les vices du morcellement.

Le libre socialisme des individus au contraire, les réformes sociales réalisées par les familles elles-mêmes dans la base de l'édifice, les améliorations incarnées dans la Commune, unité simple, élément alvéolaire de la société, peuvent, en se répétant, en se propageant par l'autorité de l'expérience, par l'imitation du succès, extirper le mal social dans ses racines, réformer toutes les conditions de la prospérité publique, substituer la solidarité au morcellement, vaincre l'ignorance et la misère, et réduire, par conséquent, à très peu de chose la tâche socialiste de l'Etat.

En effet,

Qu'on suppose l'ordre et la liberté conciliés, garantis dans les communes par l'association libre des intérêts, par l'organisation attrayante des travaux, — et on comprend que l'Etat n'a presque plus rien à faire pour concilier et garantir la liberté et l'ordre dans le pays; que tous ses arsenaux législatifs, judiciaires et militaires lui deviennent presque inutiles.

Qu'on suppose les citoyens, les familles, parvenant, comme membres de l'Association communale, à extirper de son sein, au moyen de l'industrie attrayante, la misère, l'ignorance et l'oisiveté, ces trois sources de tous les crimes, le morcellement et l'insolidarité, ces causes de tous les procès, — dès lors les citoyens et les familles, comme membres de la grande association nationale, ont moins de charges et de devoirs à remplir ; — dès lors l'Etat n'a plus besoin d'entretenir des services publics aussi coûteux pour rendre la justice, surveiller les vices, comprimer les besoins, réprimer les écarts.

Sous le régime du morcellement actuel, l'action sociale de l'Etat ne saurait garantir l'instruction à tous les enfants du peuple qu'à la condition de la rendre obligatoire, c'est-à-dire d'en faire un monopole, de froisser les goûts des pères de famille et de leur enlever des bras utiles ; l'Etat ne peut même instruire la jeunesse dans la plupart de ses institutions qu'en l'arrachant à l'affection des familles. — Tandis que l'action sociale des citoyens, l'association libre des intérêts de la Commune, l'organisation attrayante de ses travaux, peuvent garantir à tous le bienfait de l'enseignement, concilier la libre vocation de l'enfant avec celle du professeur, placer la crèche, la salle d'asile et l'école à la fois sous les yeux de la famille et sous la direction sociale des plus capables, combiner l'instruction industrielle, professionnelle avec l'instruction classique, théorique ; allier la variété avec l'unité, enfin harmoniser, dès le berceau, dans une éducation commune, dans les mêmes mœurs policées et fraternelles, les classes riches et les classes pauvres.

En matière d'instruction publique, le Socialisme libre des communes ne laisserait à l'Etat que la charge des facultés, des académies centrales, des hauts enseignements.

Dans le domaine de l'agriculture, de l'industrie, du commerce, des sciences et des arts, l'action réformatrice de l'Etat est encore plus bornée ; l'Etat peut tout au plus combattre l'usure et l'agiotage par des institutions de crédit ; la routine et l'ignorance par quelques colonies agricoles, quelques comptoirs, quelques écoles d'arts-et-métiers. Il ne saurait lui-même, sans arbitraire monstrueux, sans péril pour la liberté, créer les richesses, associer les intérêts, répartir les produits. — Au contraire, cette grande tâche est celle de la spontanéité individuelle, du socialisme des individus et des communes. L'association communale peut seule, .en intéressant tous ses membres, en tant que producteurs, consommateurs et échangeurs; en associant les capitaux, les bras et les idées; en formant un seul atelier agricole, industriel, commercial, administratif, scientifique; en combinant l'unité d'exploitation avec la division parcellaire du travail et de l'intérêt, généraliser l'emploi des bonnes méthodes et des machines, économiser les efforts et les dépenses, garantir la propriété et le travail contre les faillites, la ruine, le chômage, les spoliations, les fraudes et le parasitisme ; elle peut seule mettre le peuple en possession de sa dignité, de sa liberté, élever la production des richesses au-dessus des besoins, régler sa production, sa consommation et ses échanges d'après le génie propre de ses travailleurs et les ressources de son sol, initier les pauvres aux douceurs de la propriété et les riches aux joies du travail, garantir à chaque vocation son essor, à chaque fonction sa liberté, à chaque individu non-seulement son droit de vivre et de travailler, mais encore son droit à l'amour de ses semblables et au bonheur.

Donc, avec la réforme communale, avec l'association des intérêts dans la Commune, toute intervention de l'Etat dans l'industrie devient inutile; le ministère, dit de l'agriculture et du commerce, peut économiser ses subventions et ses primes : il n'a guères plus à centraliser qu'une œuvre de mercuriales et de statistiques.

Avec l'association communale, l'entreprise des grands travaux publics se généralise sans conflits et sans peine ; l'Etat recrute dans les communes des essaims de volontaires enthousiastes pour former ses armées industrielles, il fait concourir les populations entières à l'embellissement du globe ; il dirige lui-même les victoires et les conquêtes du travail sur les difficultés de la nature.

Avec l'association communale, la police, la monstrueuse centralisation administrative et la coûteuse bureaucratie de l'Etat deviennent excessivement simples ou superflues ; car les communes, par la solidarité des intérêts et l'attrait du travail organisé, garantiront bien mieux l'ordre et la liberté que le gouvernement par ses armées et ses lois; car, sous ce régime de solidarité et d'association, les départements et les provinces peuvent administrer les intérêts de leurs circonscriptions sans le moindre danger pour l'unité des relations et la paix publique.

Avec l'association communale, le gouvernement peut désarmer à l'intérieur; comme avec l'association fédérale des peuples libres, il peut désarmer au dehors.

Avec l'association communale, l'individu est initié aux fonctions de l'autorité, aux devoirs de l'Etat, et la commune se charge, en lieu et place de l'Etat, de la protection de l'individu.

Avec l'association communale, enfin, la triple difficulté de l'assiette, de la répartition et de la perception des impôts, disparaît comme par enchantement. L'impôt devient la chose la plus simple, la plus facile, la moins gênante. Il est inutile de faire subir à la fortune de chacun des investigations pénibles, inquisitoriales. C'est sur la caisse de la régence communale, sur les

frais généraux des communes associées, avant
toute répartition des bénéfices individuels, que se
prélève la contribution fixée pour les simples besoins administratifs des services départementaux,
provinciaux et nationaux. Pour tout ce qui est dépenses nationales extraordinaires, entreprises générales, grands travaux publics, les communes
votent elles-mêmes leur contingent.

Ainsi, économie complète d'armée fiscale et de
dépenses improductives.

Ainsi, simplification excessive de l'administration du pays et des rouages de l'Etat.

Ainsi, véritable émancipation des indiv dus, des
familles et des communes, sans préjudice de l'u-
nité nationale et de l'ordre intérieur.

Ainsi, transformation complète, radicale de la
société par des expériences toutes locales, toutes
pacifiques, par des procédés d'union, de *religion*
et de science, sans révolution contre l'Etat, sans
décrets contre les individus.

Voilà le socialisme de la véritable régénération,
le socialisme dont la spontanéité individuelle doit
être l'âme comme l'Etat est l'âme du socialisme
administratif, du régime des garanties sociales.

On comprend donc que si le socialisme de l'Etat,
les améliorations garantistes peuvent offrir un
soulagement immédiat aux souffrances générales
du corps social, aux crises violentes des intérêts et
des besoins; s'ils peuvent prévenir les horreurs de
la guerre civile, —il n'y a que la Science de l'association intégrale, que la réforme économique de
la Commune par la libre spontanéité des individus qui puissent extirper le mal social, asseoir
la société sur ses véritables fondements, et faire

cesser toutes les complications fatales du gouvernement, des partis, des intérêts et des passions humaines.

On peut donc conclure que l'Etat, tout en poursuivant sa tâche spéciale d'améliorations administratives et de garanties sociales, a tout intérêt à faciliter, à encourager, d'autre part, l'expérience de l'Association communale, l'essai de l'organisation attrayante du travail, et à lancer les individus et les familles dans cette seule voie du progrès normal, du salut social, des destinées heureuses.

FERDINAND GUILLON.

(Extrait de la Démocratie pacifique.)

Le Catalogue de la Librairie Sociétaire est distribué au bureau de la Démocratie Pacifique, rue de Beaune, 2.

Imprimerie de LANGE LÉVY, rue du Croissant, 16.